Made in the USA
Monee, IL
23 June 2025

19919781R00070